Jon Scieszka's Trucktown
en Calle de la Lectura

MARIO

PEARSON

Glenview, Illinois • Boston, Massachusetts • Chandler, Arizona
Shoreview, Minnesota • Upper Saddle River, New Jersey

Yo soy Mario.

¿Un incendio?

¡A la autopista!

4

5

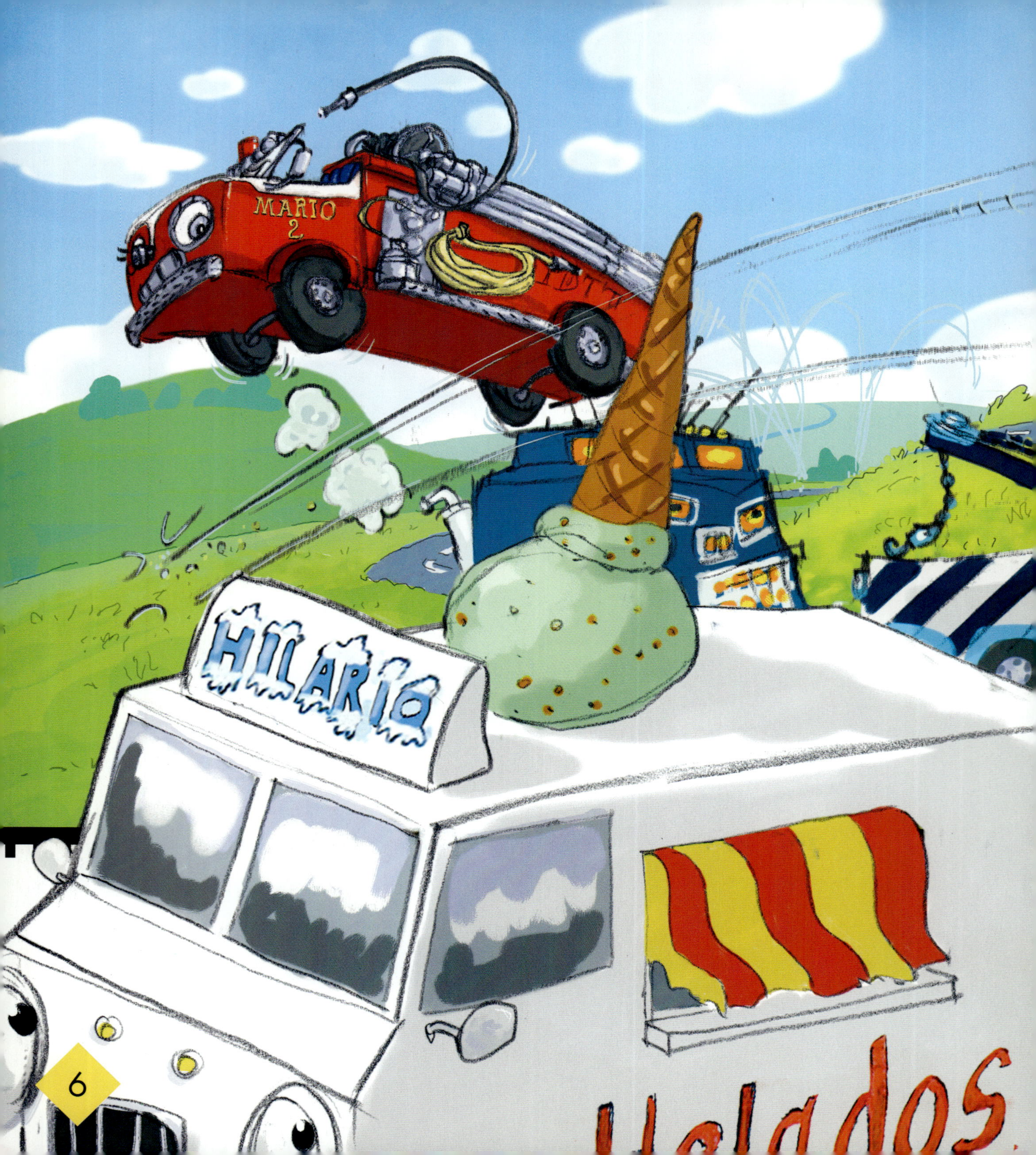
MARIO
2
HILARIO
Helados

¡A la izquierda!

¡A la derecha!

¡Un incendio menos!